सृजन

कवितायें एवं स्तुति गीत

ज्योति प्रभा रॉउट

यह पुस्तक उन सभी के लिए है जो इस अस्थिर दुनिया में अपनी आंतरिक शांति पाने के लिए संघर्ष कर रहे हैं। अपनी पुस्तक में मैंने उन चमत्कारों के बारे में चर्चा की है जो मेरे जीवन में स्वर्गीय पिता द्वारा किए गए हैं और इस पूरी पुस्तक में आप सीखेंगे कि कैसे भगवान से जुड़ना है और बनाना है। आप उस पर और भी अधिक विश्वास करते हैं। अंत में वर्षों तक मेरा साथ देने के लिए मेरे परिवार को धन्यवाद।

क्रम-सूची

1. प्रभु के उपदेश

ॐ श्री श्री श्री गरुदेव ज्योति ब्रहमो निलान्द्री बिहारी नमः हो।
ॐ श्री श्री श्री गरुदेव ज्योति ब्रहमो निलान्द्री बिहारी नमः हो।
ॐ श्री श्री श्री गरुदेव ज्योति ब्रहमो निलान्द्री बिहारी नमः हो।
(ये हैं मेरे आराध्य)

प्रभु के उपदेश हर व्यक्ति को ईश्वर का सम्मान करना चाहिए।हर व्यक्ति अगर चाहे तो आजीवन ईश्वर के मार्ग पर चल सकता हो।मनष्यु कहता है- "वद्ध अवस्था में ही ईश्वर के मार्ग पर चलना चाहि ए, लकिन यह गलत है जब सष्टि में जन्म लते ा है तो ईश्वर का अनग्रह लके ेआता है इसलिए ईश्वर के मार्ग पर चलने के लिए कोई आयु निर्धारित नही हो।

• ईश्वर पर सदा विश्वास रखें क्योंकि इससे हमें शान्ति मिलगे ी।

• प्रभु हमारी हर साँस में जड़ुे हुए हो।

• हर साँस में ईश्वर का नाम रखिए इस से हमारे मार्ग में आने वाली हर समस्या का नाश हो जाता है और मार्ग सरल हो जाता हो।

• प्रभु- परमेश्वर ने हमें मनष्यु के रूप में जन्म दिया परंतु हमारे सोच-वि चार अलग अलग हैं और हमें इस सत्य का पर्णूरूप से पालन करना चाहिए।

• हमें प्रभु परमपिता को खशु करना है क्योंकि वो हमारे पिता हो।

• हो!विश्व जनो आप लोगों से मेरा ये निवदे न है की परमात्मा का आदर करें, उन्हें दुखी न करें।

• हर घड़ी, हर पल हम ईश्वर के आशीर्वाद सेयेसं दुर जीवन जी रहें हैं उनकी कृपा से आपार करूणा हो।

• परमपिता न होते तो हम जीवित ही नही रहतं..कैसे साँस लते ,ैकैसे बोलतं, प्रभु के क्या ये सम्भव ह?ै

• परमपिता किसी का ऋणी नही है परंतु ये सारा संसार उसका ऋणी है।

• हर व्यक्ति को अपने हृदय में परमात्मा का बिठा लने। चाइये इससे जीवन मे समस्त दुख अपने आप चले जायेंग।

• ईश्वर की आराधना करने से हमारा मन शांत व हृदय में संतष्टि होगी।ईश्वर ही हमारा विश्वास है,हमारा आधार है उनके बि ना ये जीवन व्यर्थ है।

• ये जीवन परमेश्वर का दिया हुआ उपहार हैऔर हमें उनके नाम से इसे महत्वपर्णू बनाना है। मेरी परमपिता परमेश्वर से यही प्रार्थना है कि करुणामयी ईश्वर अपनी संतान को करुणा से बांधे रख। ह।दयामय आपकी दया हर मनष्यु का जीवन है,आप शन्यू मार्ग से करुणा करो,इस संसार की रक्षा करें प्रभु। हमे पाप और पापियों से बचायें।आप महान हैं सब्श्रेठ है।आपके नाम यगु ों-यगु ों तक रह। ह।विश्व पालनदाता हमारी प्रार्थना स्वीकार करें। ईश्वर का नाम लकेर क्रोध को शांत रखें क्योंकि शीतल स्वभाव मनष्यु का आधार है।

• लालच मनष्यु का बहुत बड़ा शत्रु है यह मनष्यु को कमज़ोर कर देता है इसलि ए ह।ईश्वर मनष्यु को लालच से दूर रखें।

• सत्य बोलो क्योंकि झूठ मनष्यु को कमजोर बना देता है जिससे वह किसी भी समस्या से लड़ने में असमर्थ हो जाता है।

• ईश्वर सेवही इच्छा माँगो जिससे भविष्य मे संतष्टु हो और कोई दुःख ना हो।

• ईश्वर पर कभी भरोसा न खोयं,सदैव वि श्वास बनाए रखे इससे मन को शांति मि लगे ी।

• ईश्वर को केवल समस्या के समय याद मत कीजि ए, हर दिन हर समय याद कीजि ए और उनका मान रखिए।

• आत्मा, मन, जीवन तीनों का मिलन रखो।

• आत्मा का कार्य धीरे होता है,लकिन सफल होता है।

• मन क कार्य चंचल होते है,लकिन विफल होतेह।

• मन की गति बिजली सी तेज होती है,इसेस्थिर रखना चाहिए।

• मन की चंचल सी गति नियति का विचार हमारे जीवन में अलग-अलग स्थान पर करती है।

• यह सृष्टि परमेश्वर के नाम से शासित हो, ना की शतैन के नाम से। • ईश्वर का नाम इंसान के जीवन में ज्योति की चमक के समान है,हमेशा अपार भक्ति से अटल रहो।

• हे!विश्वजनों ईश्वर की दी हुई अमानत का सम्मान करो, धर्म और सत्य के मार्ग से हमेशा जड़ुे रहो।

• कलियुग में हर पल अन्याय के शासन से लड़ने के लिए प्रभु का नाम लेने ा अनिवार्य है।

• ईश्वर का मार्ग कठिन है,परंतु ईश्वर पर विश्वास करने वालों को कठिनता नहीं होती।

• जहाँ ईश्वर का नाम हो, वहाँ कभी डर नहीं लगता।

• आत्मा निर्मल हो तो सफलता जरूर मिलती है।

• दुःख सदा व्यक्ति को तोड़ देता है,लकिन ईश्वर के नाम से हिम्मत मिलती है।

• सत्य को छिपाना कठिन है,परन्तु एक ना एक दिन वह अपनी रोशनी से विकसित होता है।

• विश्वास बनाये रखें, ईश्वर आपके साथ है।

• हर पल ईश्वर के नाम से बिताइए, शतैन से रक्षा पाओग।

• शतैन का शासन बहुत कठिन है,इसको जीवन में आने से रोकिये।

• शतैन के शासन से जीवन बिखर जाता है।

• हमारा जीवन प्रभु की दी हुई अमानत है,इसे उन्हें समर्पित करदे।

• ईश्वर बड़ा दयालु है,किसी को खाली हाथ नहीं लौटाता,सबकी पकुार सनु ता है।

• अपने प्रभु से हर सुःख-दुःख की बातें बाँटों, विश्वास कीजिये बहुत शान्ति मिलती है।

- हम ईश्वर को देख नहीं सकते,परंतु उन्हेंमहससू कर सकते हैं।
- ईश्वर और मनष्यु के बीच अटूट संबंध है।
- ईश्वर ने हमे बड़ भरोसे के साथ धरती पर भेजा है,अगर हम अच्छे कार्य करेंगे तो ईश्वर हमे आशीष देंगे।
- अगर हम ईश्वर के दिये हुए इतने अमोल जीवन में बरे कार्य करेंगे तो ईश्वर दुःखी होंगे।
- प्रभु के विश्वास को मत तोड़िए, ये अपराध ना करें।
- प्रभु के इस अनमोल जीवन को व्यर्थ ना जाने दे, क्योंकि प्रभु का हम पर भरोसा ही हमारी जीवन की ज्योति है।
- ईश्वर पर विश्वास रखे,क्योंकि जीवन मेंदुःख या सुख बताकर नहीं आते,दोनों का आगमन अचानक होता है।
- दुःख हो या सुःख दोनो का जीवन में स्वागत करें, दोनों ही जीवन केआधार है।
- आप हमेशा ईश्वर से प्रार्थना करें की हे!ईश्वर आप हमशेा हमारे साथ रहिएगा, आपके बिना हमारा साँस लने ा भी कठि न है।
- आप हमेशा ईश्वर से बोलि ये,हे!ईश्वर मे सत्य बोलने की हिम्मत दीजि ए, कलियगु में सत्य एक कड़वा शब्द है।
- सत्य अच्छे मनष्यु के लिए अमतृ के समान हैऔर झठेू लोगों के लिए कड़वा शब्द है।
- प्रभु के कल्याण से ही हमें जीवन मेंअच्छेगणु प्राप्त हुए हैं।
- मनष्यु का प्रत्यके कार्य ईश्वर के नाम सेही शरु होता है।
- हे!प्रभु आपके नाम से ही हमारी सुबह और रात होती है।
- हे!प्रभु यह समय शतै ान का है,हम आपसे विनती करते हैं कि प्रभु आपके नाम का शासन हो।
- प्रभु हम आपके बिना साँस लने ेकी कल्पना भी नहीं कर सकते।
- प्रभु हमे अपनी छाया में ले लीजि ए, क्योंकि हम पर आपका अधिकार है, शतै ान का नहीं।
- हे!पिता परमेश्वर आपकी सीमा अपरमपार है।

• प्रभु हम आपकी संतान हैं,हम पर सिर्फ आप ही शासन करें।

• हे!मालिक हर मनष्यु को पवित्र आत्मा सेभर दे, क्योंकि आपकी ज्योति को कोई अंधकार नहीं छुपा सकता।

• परमेश्वर आपकी सदा जय हो!।

• हे!अनादि अपनी करुणा हम पर कीजि ये,और हमशे ा बरी शाक्तियों सेहमारी रक्षा कीजिये।

• पिता हम पर अपनी महिमा बरसाए, ताकि यह सष्टिृ परी पवित्र हो जाए।

• मालिक हमे अपनी चरणों में स्थान दीजि ये।

• प्रभु आपका नाम सष्टिृ में विकसि त हो।

• हे!पिता 24 घंटे में से शतै ान को एक भी पल चराने को ना मि ले।

• प्रभु आपको कोटि कोटि प्रणाम, प्रभुआपका नाम हमारे हृदय में लिखत रूप सेछप जाये।

• हे!रचनाकारी हमे ये आशीष दे कि हम सदा सत्य के मार्ग पर चले।

• अनादि आपका कल्याण सष्टिृ के लिए सदा जीवि त रहे।

• हे!आदि नाथ पाप से हमें उभारिये,और पणु य से भरिए।

• हे!प्रभु आप कितने महान हो।

• आपकी महानता सष्टिृ में अमर रहें • हे!अनन्तकारी आपके सहारे से हमारा दिन कटे।

• ईश्वर आप असीम हो, अपार हो और आप अपनी अदृश्य शक्ति से इस सष्टिृ को विकसित करते हो।

• हे!निराकार आपका कोई आकार नहीं हैं।

• प्रभु जिसकी इच्छा सत्य से जड़ी हो, उसकी आशा परी कीजि ए।

• पिता आपकी लीला विचित्र हैं।

• हे!अनादि इस संसार को सत्य वचनों से भर दो।

• प्रभु अपनी ज्योति से इस संसार को प्रज्वलित कीजि ये

- परमेश्वर आपके बि ना कोई धारा नहीं है।
- मालिक इस अशद्ु ध संसार को अपनी करुणा से भर दो।
- ईश्वर आप ही हमारे प्रत्यके साँस के अधि कारी हो।
- हो!विश्व भुवंधरी आपकी महानता को कोटि कोटि
- हो!ईश्वर हर व्यक्ति को आपका ज्ञान हो, आप सर्वत्र फैलो।
- हो!परमपि ता शतै्र न की गति हमा रेजीवन में ना आए।
- हो!अनादि नाथ हम आपका इंतजार कर रहे हो।
- प्रभु आपके वि चार हमारे लि ए अनमोल हो।
- हो!ईश्वर हर पल हर घड़ी हम आपके रास्तेपे चलें,आप इस
- सष्टि ृ के रचनाकरी है,हम आपके साथ रहना चाहते हो।
- परमेश्वर मनष्य ु आपके एहसानों को भूलता जा रहा है,आप उसे याद दिलाइए की वो आपके बि ना कुछ नहीं।
- अनादि आपका नाम निर्मल है,सत्य है।
- हो!विश्वलोचन इस विशाल सष्टि ृ में आप कण-कण मेंहो।
- मालिक आपकी पण्ु यता के सब कर्जदार हो।
- हो!दयालु ईश्वर अपने कोमल चरणों में हमें समाइय।े
- प्रभु आप इतनी बड़ी सष्टि ृ को अकेले संभालते हो, आप महान हो पि ता।
- मालिक हमारी आपसे यही विनती है कि समय जाने से पहले हमें आप सत्य के मार्ग पर ले जाइए।
- परमेश्वर झठू ने सारे संसार को घरे लि या है,हमें इस झठू ी दुनिया से बचाइए।
- पिता परमेश्वर हमारा मन शतै्र न के नि यं त्रण में जा रहा है,इसे आप स्थि र कीजिए।
- हो!प्रभु सदा हमारे साथ रहो, आपका वशचल्या हमारे लिए अमत्ृ हो।
- हो!अनादि आप हमारे अपने से भी अपनेहो।
- ईश्वर आपकी महिमा को नहीं जानता, आपकी रचना कितनी संदु र है।

- हे!पिता हमें हर रिश्ते की कदर करना सि खाइये।
- मालिक अपार भक्ति में हर मनष्यु को बाँधि ये।
- हे!दयामयी आपकी दया से हमारा जीवन भरपूर रहे।
- हे!कृपा सागर बदल दो सबकी जिंदगी आपके कल्याण से।
- मालिक हर कदम पर परीक्षा आ रही है,आपकी हो या शतै न की! दोनों परीक्षा में हमें जीतना है।
- प्रभु आपके कल्याण के बिना हम कोई भी परीक्षा नहीं जीत सकते।
- हे!विश्व मालिक आपकी शिक्षा और संस्कार हमारे साथ हर जनम रहे।
- पिता मेरे रास्ते को आप अपने रास्ते से मि लाइए,अपनी तरह हमारी आत्मा भी निर्मल बनाइए।
- परमेश्वर हमारी आत्मा को मंदिर बनाइए जिसमें आपका वास हो।
- अनादि पिता अगर आप हमारी आत्मा में रहगें `तो शतै न का वास नहीं होगा।
- ईश्वर आपकी विशाल शक्ति को हम प्रणाम करते हैं।
- हे!अनादि सारी सष्टिृ का मंगल हो, हमारेमन मे किसी के लिए कोई बरा विचार ना आए।
- हे!पिता हम कभी किसी को कटुया तच्छु वचन ना कहे।
- हे!निराकार लालच से हमें दूर रखें।
- मालिक क्रोध एक विनाशकारी शब्द है,इसेहमारी जिंदगी से दूर कीजि ए।
- हे!ईश्वर आपका नाम कितना सुं दर है। आप महान हो,पवित्र हो,आप हमारे पिताजी हो।
- हे!प्रभु हमारे जीवन का आप ही सहारा हो
| • हे!ईश्वर अपना हाथ हमारे माथे पर रख दीजि ए।

* हे!ईश्वर आप हमें इंसान के रूप में अपनेसष्टि में लाए हो,आपको कोटि कोटि । धन्यवाद!
* हे!ईश्वर इंसान का जीवन देकर हमारे ऊपर बड़ा अहसान किया है।
* हे!पिताजी इंसान की तरह गणु में पर्णूता दीजि ए।
* हे!पिता आपने इंसान को सर्वेश्रष्टे बनाया है,आपके अनग्रुह से सर्वेश्रष्टे बनाए रखि ए।
* हे!ईश्वर हमारे रास्ते मे कोई बाधा न आए।आपके नाम से कार्य सफल हो जाय।
* हे!परमपिता सबको आपका दर्शन हो। * हे!अनादि सबको शान्ति प्रदान करें।
* हे!पिता इंसान आपके बनाये सभी नियम का पालन करें!
* हे!प्रभु आप हमें जिस रास्ते वे लेजाये वह मंगल रह।
* हे!परमेश्वर आपकी महिमा सबमे समाए।
* हे!परमपिता मुख में मीठे वचन बाँधे रखो।मीठा वचन सबके जीवन मे अमतृ भरता है
* हे!ईश्वर कटुवचन से दूर रखिए।कटुवचन आ ँ शु देता है। हर व्यक्ति कटुवचन से दुसरे को दुःख देता है।ये अधिकार कि सी को मत दीजिए मरे प्रभु!
* हे!मालिक आप इस सष्टि के गरु हो आपकी शिक्षा हमार लिए अनमोल है।
* आपकी महिमा को कोटि कोटि प्रणाम!
* हे!विश्वधारी आपकी ज्योति हमारे जीवन के अंधकार को दूर करें।
* हे!आशिषदाता आपके आशिष को हम अमतृ की तरह पान कर सके।
* हे!राजीवलोचन सत्य वचन की रक्षा कीजि ए।
* हे!पि ताजी आप सबके आत्मा की ज्योति हो।

* हे!सृष्टिदाता आपका कोई आकर नही हैफि र भी सृष्टि को आकार में बनाए हो।आपको कोटि कोटि नमन!
* हे!परमेश्वर सत्य बोलने की अनुग्रह प्रदान कीजिए।सत्य की महिमा अपार हैं
* हे!प्रभु झूठू को दूर कीजिए और सच को रोशनी दीजि ए।
* महाप्रभु! हर व्यक्ति हमेशा सच बोले,बुराइ का नाश करें।
* हे!ईश्वर आपका अनुग्रह हमे मिलगे ा?
* हे!पि ताजी आप दुख में साथ रहो,सुख मेंभी साथ रहो।
* हे!ईश्वर सबका कल्याण हो।
* हे!परमपिता सबकी आशा पूरी हो,आशा ही इंसान का सहारा हैं
* हे!परमपिता परमेश्वर इच्छा ही इंसान की जीने का सहारा है
* हे!ईश्वर इच्छा को बुरा होने से बचाइए।
* हे!प्रभु हर व्यक्ति को आपकी इच्छा से रखि ए। शतै न इनकी इच्छा ना चुरा सके।
* हे!दयालु पिता और कितने दिन कलयगु का राज ह?,कलयगु का कब वि नाश होगा?
* हे!अनादि हर इंसान आपके नाम से जियेऔर मरो।
* हे!पिता अन्याय का विनाश करो।
* हे!ईश्वर आपकी संतान को अपनी आत्मा में बैठ ाइए
* हे!आदि नाथ आप रचना के गुरु हो।
* है परमेश्वर हमे इंतज़ार है पाप के विनाश का,और पणू य के स्वागत का।
* हे!पिताजी हर व्यक्ति आपकी जय जयकार करो।
* हे!सृष्टिनाथ आपके अनुग्रह सेआपकी सं तान दयालू बनो।
* हे!आदि नाथ आपकी महिमा जीवन की राह बनो।
* हे!प्रभू आपकी दया हमारे जीवन का आधर हैं कृपा कीजि ए
* हे!प्रभु आपकी कृपा हमारे जीवन में रोशनी भरें।
* हे!पिता हर जन्म आपकी दुआएं मिलो।
* हे!ईश्वर हर समय पवित्र गति से ले चलि ए।

• हे!प्रभु आपके बिना चलना मुश्किल हो अगर आप साथ सफर मंगल होगा।

• हे!ईश्वर शैतान की कोई माया हमारे जीवन में न आए। शैतान का शासन बड़ा कठिन है,इसमे न कोई दया है न ही कृपा।

• हे!ईश्वर हमारे रास्ते मे आइये ओर क्या गलत क्या सही हमे समझाइए!

• हे!पिता बिना अपराध किए शैतान शासन कर रहा हो

• हे!प्रभु आपके हर नियम पणुय का कल्याण हो

• हे!परमपिता आपकी महिमा सृष्टि मे हर प्राणी मे विकशित हो।

• हे! आदि नाथ कब आपकी सृष्टि सत्य से विकशित होगी?

• हे!ईश्वर आपका अधिकार सृष्टि के हर व्यक्ति पर है,इसे दूर मत कीजिए।

• हे!महा प्रभु शैतान की हर चल से हमसे दूर कीजि ए।

• हे!ईश्वर हाथ जोड़कर विनती है हमे बचा लीजिए,बराइयों से

• हे!प्रभु संसार आपका,सृष्टि आपकी तो शासन क्यों शैतान का?

• हे!पिता आपकी करूणा, आपकी अनग्रुह संसार में जीवत रहो

• हे!परमपिता आपकी विजय सस्टि की विजय ह ो

• हे!पि ताजी मेरी आत्मा की हर आवाज से धन्यवाद! धन्यवाद! आपको

• हे!परमेश्वर मंगल हो आपके विश्व का..

| • हे!परमपिता आपकी महिमा यगु यगु अमर रहो

• हे!ईश्वर आपके मीठे वचन से अमतृ को पान करता है वो पवित्र रहता हो

• हे!ईश्वर आपके नाम से सबका जीवन सखु हो,ओर आपके नाम से ही जीवन की गति को विनम्र करें।

• हे!परमेश्वर जीवन को शरुआत करने का आदेश दो।

• हे!पिता परमेश्वर आपका दिया हुआ चौवीस घंटे समय मे आपकी कृपा हो,कल्याण हो और शैतान का शासन ने हो।

• हे! परमपिता जहां आपका वास है,वहां शैतान का नाश है।

• हे! महा प्रभु आपका नाम अमृत से भी मीठा है,आपके नाम को हर घड़ी लेने का आशीर्वाद दीजिए।

• हे! पिताजी आप साथ हो तो क्या गम है,क्या दुख है।

• हे! ईश्वर जीवन मे कभी खुशी है,तो कभी गम दोनो में चलने का साहस दीजि ए।

• हे! परमेश्वर आपके पवित्र रास्ते सबको मि लें।

• हे! परमपि ता आपका मार्ग आसान नही,आप साथ जो तो आसान है।

• हे! ईश्वर शैतान का शासन हो रहा है,आप क्यों चुप हो..?

• हे! प्रभु आपका अनुग्रह सृष्टि में सर्वश्रेष्ट स्थान पर पहुँचाओ। क्या आप मेरी प्राथना स्वीकार करोग

अध्याय2

Ombaba

God is great

कविता -1

मैं आदि हूँ, मैं जननी हूँ,
मैं आदि हूँ, मैं जननी हूँ,
मैं ऋतु हूँ, मैं सावित्री हूँ,
मैं आदि हूँ, मैं जननी हूँ।
मैं नारी हूँ, मैं वातशल्य हूँ,
मैं विधाता की विधि हूँ, मैं विशाल हूँ,
मैं आदि हूँ, मैं जननी हूँ,
मैं माँ हूँ, मैं सृष्टि का नियम हूँ,
मैं ज्योति हूँ, मैं अंधकार का विनाश हूँ,
मैं आदि हूँ, मैं जननी हूँ,
मैं बेटी हूँ, मैं बहन हूँ,
मैं पिता की दुलारी हूँ,भाई का मान हूँ,
मैं आदि हूँ, मैं जननी हूँ।
मैं समाएँ हुई विधि का विधान हूँ,
मैं आत्मा की भावना हूँ,
मैं आदि हूँ, मैं जननी हूँ।
मुझे पाप से न नाश,मैं कल्याणी हूँ,
मैं कल्याणी हूँ, मैं ईश्वर के वरदान से मैं माँ हूँ,
मैं आदि हूँ, मैं जननी हूँ।
मैं माथा झुकाती हूँ, ईश्वर के नियम को,
मैं कृपा माँगती हूँ,सृष्टि के मंगल को,

मैं आदि हूँ, मैं जननी हूँ।
मैं मान हूँ, सारे संसार की
मुझे न तोड़ो, मैं हूँ स्वागीता
मैं आदि हूँ, मैं जननी हूँ।
मैं आदि हूँ, मैं जननी हूँ।।

कविता-2

मैं नारी हूँ, मैं अविनाशी हूँ
मैं नारी हूँ, मैं अविनाशी हूँ,
मैं ज्योति हूँ, मैं अंधकार का नाश हूँ,
मैं दया हूँ, निराशा की आशा हूँ,
मैं नारी हूँ, मैं अविनाशी हूँ।
मैं कृपा हूँ, पुर्न विचार हूँ,
मैं सत्य हूँ, हर युग का,
मैं नारी हूँ, मैं अविनाशी हूँ।
मैं वातशल्य हूँ, हर संतान का,
मैं शीतल हूँ, ईश्वर कल्याण का
मैं नारी हूँ, मैं अविनाशी हूँ।
मैं रक्षाकारी हूँ पाप-विलास का,
मैं आत्मा हूँ, चंचल का,
मुझे जानिए मातृ रुप से,
मुझे न देखिए पाप नजर से
मैं सती हूँ सत्य का,मुझे न छुओ मंगलिका
मैं नारी हूँ, मैं अविनाशी हूँ।

कविता-3

मैं बेटी हूँ, सारे संसार की
मैं बेटी हूँ, सारे संसार की,
मैं जननी हूँ, एक माता से,
रक्षा माँगे सारा संसार

मैं बेटी हूँ,सारे संसार की,
मैं आशा करूँ आप सबसे,
कभी दुःख दें साँसों से,
मैं बेटी हूँ, सारे संसार की।
मैं मान हूँ,अपने प्रभु की,
मैं जान हूँ, मेरे पिता की,
मैं बेटी हूँ, सारे संसार की।
मैं दुलारी हूँ अपनी माता की,
मैं नयन हूँ अपने परिवार की,
मैं बेटी हूँ सारे संसार की।
मैं राखी हूँ हर भाई के हाथ का,
मुझे बचाओ हर बुरी नजर से,
मैं बेटी हूँ सारे संसार की।।

कविता-4

मैं भाई हूँ, हर बहन का
मैं भाई हूँ, हर बहन का,
मैं मान रखूंगा हर राखी का,
मैं मिटाऊंगा शैतान का पाप,
मैं भाई हूँ हर बहन का।
मैं सिखाऊंगा हर व्यक्ति को,
मैं कहूंगा सारे समाज को,
मैं भाई हूँ, हर बहन का।।
हर नारी का करो सम्मान,
वह देवी से है कुलवन,
मैं भाई हूँ, हर बहन का।
नारी है सृष्टि का अभिमान

हर रिश्ते में महान,
मैं भाई हूँ हर बहन का।
नारी समुद्र से बड़ी सहनीय है,
नीच न मानो वह विश्व नंदनी है,
मैं भाई हूँ हर बहन का।
आओ मेरे सभी भाई,
मिलकर बचाएँगे नारी की दुहाई,
मैं भाई हूँ हर बहन का।।

कविता-5

पिता हूँ मैं हर बेटी का
पिता हूँ मैं हर बेटी का,
अपार वातशल्य पालूंगा
कोई भेदभाव नही करूँगा,
पिता हूँ मैं हर बेटी का।
मिले है अमानत पुण्य कर्म से,
बेटी है मिली अनमोल भाग्य से,
पिता हूँ मैं हर बेटी का।
हर मुसीबत से बचाऊँगा,
हर परेशानी माथे पे लूँगा,
पिता हूँ मैं हर बेटी का।
बड़े नसीब से मिलीं हैं बेटियां,
दिल से करें ईश्वर का सुक्रिया,
पिता हूँ मै हर बेटी का।।

कविता-6

नारी हूँ मैं समाज की

नारी हूँ मैं समाज की,
कल्याण मिले मुझे ईश्वर का,
मान मिला मुझे सारे संसार का,
नारी हूँ मैं समाज की।
विन्रम रहना मेरे उदार का,
शीतल रहना मेरी आत्मा का,
नारी हूँ मैं समाज की।
हर बड़े को मेरा सलाम,
हर छोटे को मेरा वातशल्य,
नारी हूँ मैं समाज की।
हर घड़ी दासी हूँ मैं ईश्वर की,
पूजा करती हूं हर घड़ी-घड़ी,
नारी हूँ मैं समाज की।
हर अच्छाई मैं सिख लूँगी
हर अच्छाई मैं सिखलाओंगी,
नारी हूँ मैं समाज की।।

कविता-7

मन की भावना चँचल

हे ईश्वर मन की भावना चंचल,
हर घड़ी हर पल करे अस्थिर,
करिए कृपा इसे स्थिर ताकि,
सुखी रह पाए ये संसार।
सत्य क्या, झूठ क्या सभी अंजान,
समय के दास हैं जुटाए जाए मन,
हे ईश्वर मन की भावना चंचल।
दिन कटे रात कटे, कटे सुबह-शाम,

ना दिखे दिन-रात लूट ले काल,
हे ईश्वर मन की भावना चंचल।
तुम्हारा कल्याण होते हुए क्यों है निराशा,
अंधकार मिले सृष्टि डूब गई आशा,
हे ईश्वर मन की भावना चंचल।

कविता-8

आत्मा हूँ मैं जीवन का

आत्मा हूँ मैं जीवन का,
शीतल हूँ मैं चंचल का,
आत्मा हूँ मैं जीवन का।
विचार हूँ मैं अन्याय का,
आशा हूँ मैं निराशा का,
आत्मा हूँ मैं जीवन का।
निर्मल हूँ मैं कपट का,
विश्वास हूँ गैं भावना का,
आत्मा हूँ मैं जीवन का।
दया हूँ मैं हर हृदय का,
सत्य हूँ मैं स्मरण का,
आत्मा हूँ मैं जीवन का।
शांति हूँ मैं अशांति का,
सफर हूँ मैं कठिन का,
आत्मा हूँ मैं जीवन का।
शरीर हूँ मैं हर व्यक्ति का,
आँसू हूँ हर आँखों का,
आत्मा हूँ मैं जीवन का।

कविता-9

हे ईश्वर कहाँ है विचार

हे ईश्वर कहाँ है विचार,

दुनिया समी है पाप के भार,
अपनी कृपा से करिए पार,
हे ईश्वर कहाँ है विचार।
रिश्ते क्यों हुए अविचारी,
आँखे खोलिए प्रभु हमारी,
हे ईश्वर कहाँ है विचार।
तुम्ही हो विचारपति,
सबकी सुनो आपत्ति,
महिमा की गति असीम-अपार,
देरी है क्यों, आदि करो उद्धार,
हे ईश्वर कहाँ है विचार।

कविता-10

साँस हूँ मैं हर जीवन की
साँस हूँ मैं हर जीवन की,
गति है मेरी तेज सी,
बिजली से बड़ी चंचल सी,
साँस हूँ मैं हर जीवन की।
ईश्वर की दासी हूँ मैं हर घड़ी की,
पालन करती हूँ पुण्य भावना की,
साँस हूँ मैं हर जीवन की।
आदेश आता है जब प्रभु का,
चलती हूँ मैं छोड़ सबको,
साँस हूँ मैं हर जीवन का।
जब तक रहती हूँ मैं आत्मा में,
कितनी मिलती हूँ मैं माया से,
साँस हूँ मैं हर जीवन का।

कविता-11

कठिनाई हूँ मैं हाथ दुर्बलता का
कठिनाई हूँ मैं हाथ दुर्बलता का
जो व्यक्ति मुझे जाने,
कभी ना हारे,
ईश्वर के नाम से पार कर जाता
कठिनाई हूँ मैं हाथ दुर्बलता का।
आत्मा के शीतल विचार से,
कठिन को भगाए साहस से,
कठिनाई हूँ मैं हाथ दुर्बलता का।
जो ईश्वर से भागता है,
कठिनाई से हारता है,
निर्मल भाव से करे ध्यान प्रभु का,
कठिनाई हूँ मैं हाथ दुर्बलता का।

कविता-12

नारी हूँ मैं पाँच अवतार की
नारी हूँ मैं पाँच अवतार की,
पहला अवतार मेरा बेटी का,
जन्म लिया मैंने बनी अम्बिका,
नारी हूँ मैं पाँच अवतार का।
तृतीय अवतार बनी पत्नी का,
बड़ी जिम्मेदारी दी हुई ईश्वर का,
नारी हूँ मैं पाँच अवतार का।

चौथा जन्म मेरा सर्वश्रेष्ठ माँ का,
जिसमें मेरे प्रभु की रचना अनमोल का,

नारी हूँ मैं पाँच अवतार का।

पाँचवा अवतार मेरा उर्वरता का,
जिसमें हर रिश्ता मिलता है वात्सल्य का,
नारी हूँ मैं पाँच अवतार का।

कविता-13

मैं माँ हूँ हर संतान की
मैं माँ हूँ हर संतान की,
मुझे मिला वरदान पिता ईश्वर का,
अनंन्त वात्सल्य समय हर जीवन का,
मैं माँ हूँ हर संतान की।
माता जन्म दो या ना दो नहीं कोई शंका,
अपनी वात्सल्य से भर देती है माँ अम्बिका,
मैं माँ हूँ हर संतान की।
ईश्वर की बड़ी मेहेर नाम दिया माँ का,
हर युग में बनी सृष्टि की कल्याणी माता का,
मैं माँ हूँ हर संतान की।
अनदेखा मत करो मेरी ममता को,
छोटे हो-बड़े हो मैं आशीष देती हूँ सबको,
मैं माँ हूँ हर संतान की।

कविता-14

जीवन की गति कितनी दूर दिखे नहीं
जीवन की गति कितनी दूर दिखे नहीं,
ना कोई मंजिल, ना कोई राह,
सबको है सुख की चाह,
जीवन की गति कितनी दूर दिखे नहीं।

नियति का रूप कोई देखा नहीं,
बात-बात में दोष देते इसे,
पर खेल नियति का ही,
जीवन की गति कितनी दूर दिखे नहीं।
कहते हैं सत्य बड़ा कड़वा होता है,
क्यों व्यक्ति ईश्वर की कृपामणि नहीं समझता है,
जीवन की गति कितनी दूर दिखे नहीं।
कभी आए धूप कभी छाया सहारा,
मिले सब आशीष प्रभु का इशारा,
जीवन की गति कितनी दूर दिखे नहीं।
अहसान मानू मैं प्रभु के कृपा की,
दुख हो सुख हो माया सब नियति की,
जीवन की गति कितनी दूर दिखे नहीं।

कविता-15

मन का चंचल शीतल करो परमेश्वर
मन का चंचल शीतल करो परमेश्वर,
चंचलता की गति से कटे दिन बेकार,
हर काम बिगड़े नहीं आए भले विचार,
मन का चंचल शीतल करो परमेश्वर।
शीतल की राह मिले शांति ईश्वर,
बदलाये सफर का पुण्य सागर ,
मन का चंचल शीतल करो परमेश्वर।
ईश्वर के नियम को करो स्वीकार,
दुनिया से सुखी सदा करें ईश्वर,
मन का चंचल शीतल करो परमेश्वर।

कविता-16

नारी का मान कब होगा ईश्वर

नारी का मान कब होगा ईश्वर,

नारी सहती है कितने अत्याचार,

पुरुष मारते हैं निर्दयता से बार बार,

नारी का मान कब होगा ईश्वर।

साथ रहे पिता सदा हमारे,

अबला नारी कहते कहते करे तार-तार,

नारी का मान कब होगा ईश्वर।

तुम्ही ही हो रचनाकारी दोनों के प्रभु,

क्यों दया नहीं करते पिता ये पुरूष,

नारी का मान कब होगा ईश्वर।

सबकी रचना आपने की है प्रभु,

फिर भेदभाव क्यों करते हैं पुरुष,

नारी का मान कब होगा ईश्वर।

ये भेदभाव बदल दो ईश्वर,

सबको बराबर स्थान दो ईश्वर,

नारी का मान कब होगा ईश्वर।

कविता-17

माँ शब्द मीठा क्यों है

माँ शब्द मीठा क्यों है,

माँ, नाम विधाता ने रचा है दुनिया के लिए,

सबको ममता का महत्व बताने के लिए,

माँ शब्द मीठा क्यों है।

माँ का नाम जो अमृत से मीठा है,

सारा दुख दर्द अपने में समा लेती है,

उस माँ के बारे में क्या ही लिखूं मैं,

बस कहूँ, माँ का शब्द मीठा क्यों।

आँचल से आँसू पोछ लिए अक्षु के धार,

मिट जाए दुःख ममता से तार,
माँ का शब्द मीठा क्यों।
आए कठिनाइयाँ जितनी ना हटे माँ रूप जननी,
युगों-युगों तक लिखे माँ की सुंदर कहानी,
माँ का शब्द मीठा क्यों।

कविता-18

कहे हिंदुस्तान कहे पाकिस्तान

कहे हिंदुस्तान कहे पाकिस्तान,
हम सभी है ईश्वर के संतान,
बचाने की है जान क्यों है मारना,
कहे हिंदुस्तान कहे पाकिस्तान,
हम सभी है ईश्वर के संतान।
प्रभु! की रचना है सदा सृष्टि में रहेगा,
जितना भयंकर बनो खुदा भी नही बनेगा,
कसाई ना बनो, बनो सदा भाई।
जो अंधकार नहीं है हमारे हाथ में,
करते हो घमंड से बड़े बेदर्द से,
कहे हिंदुस्तान कहे पाकिस्तान।
दुःखी है धरती माता, देखकर आंतक शासन,
विषाक्त रोती है माँ बारूद गर्जन,
कहे हिंदुस्तान कहे पाकिस्तान।

कविता-19

ऐ! मेरे फौज भाइयों

ऐ! मेरे फौज भाइयों,
माँगे हम हर घड़ी दुआ भाई,

ऐ! मेरे फौज भाइयों।

शत्रु कोई ना बने तुम्हारे जीवन में,

सुंदर जीवन का अरमान यही करे हम,

ऐ! मेरे फौज भाइयों।

मित्र बने रहे सदा शत्रु को झुकाए,

शत्रु देख मित्र बन जाए भाई,

ऐ! मेरे फौज भाई।

हाथों में पकड़े बन्दूक है,

मारते हैं शत्रुओं को,

आप सबके लिए हर समय,

मेरा प्रणाम!

चमत्कार हो सदा प्रभु के विचार से,

समय बदल जाये दया आए मन से,

ऐ! मेरे फौज भाई।

कविता-20

सत्य है हमारा जीवन

सत्य है हमारा जीवन,

रचने वाला है कितना महान,

बनाए जीवन दिया आत्मान,

सत्य है हमारा जीवन।

हम जो करे हमारा मन,

ईश्वर की कोई इच्छा नहीं मन,

सत्य है हमारा जीवन।

प्रभु! के वरदान से मिले हैं जीवन,

कोटि-कोटि प्रणाम करो नमन,

सत्य है हमारा जीवन।

अच्छे-अच्छे काम करो रखो सबका ध्यान,

इन्ही कामों से प्रसन्न होंगे पिता महान,
सत्य है हमारा जीवन।

कविता-21
विधाता के विचार से इंसान जन्म
विधाता के विचार से इंसान जन्म,
स्वीकार स्वागत से करे नमन,
विधाता के विचार से इंसान जन्म।
दुःख मिले सुख मिले, मिले हैं करम,
आगे चले मिले रास्ता कृपा असीम,
विधाता के विचार से मिले इंसान जन्म।
आगे चले रास्ता मिले करुणा -विसम,
जीवन के समस्या हटा कर दम,
धन्यवाद बोलकर करूँ स्वागतम,
हमारे जीवन में प्रभु और ईश्वरम,
विधाता के विचार से मिले इंसान जन्म।

कविता-22
मन की भावना कभी खत्म नहीं होती
मन की भावना कभी खत्म नहीं होती,
आत्मा कहने से पहले मन ललचता है,
कोई काम होने से पहले ही बिगड़ता है,
मन की भावना कभी खत्म नहीं होती।
सभी कहते हैं आत्म शीतलता,
जो वाक्य विचार से देता है शुद्धता,
मन की भावना कभी खत्म नहीं होती।
जो व्यक्ति शीतलता आत्मा की सुनता,
हर घड़ी हर पल ईश्वर को पाता,

मन की भावना कभी खत्म नहीं होती।
बुरा सोचने पर कभी पूरा नही होता,
मन की भावना क्यों चंचल कोई नही जानता,
मन की भावना कभी खत्म नही होती।

कविता-23

आशा मेरी कहती है छूना मुझे आसमान
आशा मेरी कहती है छूना मुझे आसमान,
हर घड़ी माँगना है प्रभु! को वरदान,
रहे सदा ऊपर में ईश्वर के मेहमान,
आशा मेरी कहती है छूना आसमान।
विधाता मन से करें आत्मा का पूरण,
हर घड़ी सुरक्षित ईश्वर के चरण,
आशा मेरी कहती है छूना मुझे आसमान।
श्रेष्ठ है नाम तुम्हारा सृष्टि के मध्य से,
हर व्यक्ति गाए चले जाए खुशी से,
आशा मेरी कहती है छूना मुझे आसमान।

कविता-24

हे! ईश्वर परिचय दो तुम्हारा
हे! ईश्वर परिचय दो तुम्हारा,
समाय दुनिया समा हुआ सृष्टि सारा,
हर व्यक्ति सदा खेला रचना से तुम्हारा,
हे! ईश्वर परिचय दो तुम्हारा।
हे पिताजी आपका नियम याद ना आए,
मनुष्य गलतियों पे गलतियाँ करता जाए,
हे! ईश्वर परिचय दो तुम्हारा।

विधाता हो तुम प्रभु हम सबके,
बस जाओ प्रभु हर एक के दिल में,
हे! ईश्वर परिचय दो तुम्हारा।
हे ईश्वर हर कोई चले आपकी इच्छा से,
मदद करे, पुण्य करे मनुष्य अपने हृदय से,
हे! ईश्वर परिचय दो तुम्हारा।

कविता-25

थम गई सोच आगे नहीं बढ़ती
थम गई सोच आगे नहीं बढ़ती,
क्या लिखूं, क्या सोचूँ मन में ना आता,
कह दिया आत्मा मेरी ईश्वर हे साथी,
चंचल गति को मेरा शीतल कराती,
थम गई सोच आगे नहीं बढ़ती।
शरीर का हर अंग इनका विचार,
चलती है हर घड़ी इनके सहारे,
थम गई सोच आगे नहीं बढ़ती।
मैं नारी हूँ, मैं वातशल्य हूँ,
मैं विधाता की विधि हूँ, मैं विशाल हूँ,
मैं आदि हूँ, मैं जननी हूँ
मैं माँ हूँ, मैं सृष्टि का नियम हूँ,
मैं ज्योति हूँ, मैं अंधकार का विनाश हूँ,
मैं आदि हूँ, मैं जननी हूँ
मैं बेटी हूँ, मैं बहन हूँ
मैं पिता की दुलारी हूँ,भाई का मान हूँ,
मैं आदि हूँ, मैं जननी हूँ।
मैं समाएँ हुई विधि का विधान हूँ,
मैं आत्मा की भावना हूँ,
मैं आदि हूँ, में जननी हूँ।

अध्याय3

भजन-1

हे! विधाता कैसा है जन्म मेरा

बेटी, कन्या, नारी जन्म हुई बेसहारा

इंसान के हाथ कुछ नहीं होता

घमंड से बने विचार करता

बेटी बेटी करता अविचार

विधाता आपकी कोई माने नहीं

नारी सहे अत्याचार

विधाता कैसा है जन्म मेरा

नारी अपमान हर स्थान पर क्यों ईश्वर

बिना अपराध दंड मिले इसे क्यों बार बार

पुरूष ना करें नारी का सम्मान

झूठ और अहंकार से करता उसका अपमान

विधाता कैसा है जन्म मेरा

नारी और पुरुष दोनों ही आप की रचना

ना माने पुरूष निरंतर करें निर्दयता

नारी के महत्व का पुरूष करते घात

दयाहीन आत्मा क्रोध हुई तार तार

तुम्हारे विचार बिना नहीं हो आसरा

दया करो आदिपिता तुम्ही सहारा

विधाता कैसा है जन्म मेरा

भजन-2

विधाता हो हो हो रचना तुम्हारी.....

रचना तुम्हारी हो.....रचना तुम्हारी हो........
तुम होते आदि कैसा है महामारी
सृष्टि को तुम्हारी लिया होर कीर
विधाता हो हो हो रचना तुम्हारी....
दिन आए रात आई आए सुबह-शाम
तुम्हारी इच्छा से सबतो असीम
कोरोना की क्या शक्ति कहिये मालिक
अभी तक बैठा है संसार तुम्हारा
विधाता हो हो हो रचना तुम्हारी
किसलिए आदिपिता हुए हो कठोर
तुम्हारे कल्याण बिना सब कुछ बेकार
आइए अविनाशी अनादि ठाकुर
रक्षा करो विश्वपिता सृष्टि है तुम्हारी
विधाता हो हो हो....रचना तुम्हारी

भजन-3

परमेश्वर जी कहाँ हुए दूर ईश्वर
कैसा है कोरोना कहिए ठाकुर
ज्योति भरी सृष्टि हुई भया भयंकर
परमेश्वर जी कहाँ हुए दूर ईश्वर
समग्र सृष्टि को घेरी है महामारी
होगी कृपा आदि दुनिया होगी पारी
हर व्यक्ति कहे सुनो हे ईश्वर
कब होगी महामारी दूर
परमेश्वर जी कहाँ हुए दूर ईश्वर
क्या है विचार आदि तुम्हारा
कब होगा विनाश कोरोना का
तुम्हारे कल्याण का विश्व को है इंतजार

आइए विश्वपिता सुनिए पुकार

परमेश्वर जी कहाँ हुए दूर ईश्वर

तुम्हारे सहायता बिना बचे ना जीवन

आसरा दो पिता सुनो निवेदन

सबकी गुहार सुनो तुम्ही रचनाकर

तुम्ही मालिक सृष्टि के ईश्वर

परमेश्वर जी कहाँ हुए दूर ईश्वर

भजन-4

सृष्टि रचनाकारी हो...सृष्टि रचनाकारी हो.....

समय विलंभ हुआ है ईश्वर

सृष्टि रचनाकारी हो....सृष्टि रचनाकारी हो....

केसी है महामारी देश हुआ देशभारी

सबकी आत्मा कंपे देखे महामारी

सबके मन में सवाल उठे बार बार

कब करेंगे प्रभु आप हमारा उद्धार

सृष्टि रचनाकारी हो.....सृष्टि रचनाकारी हो......

देख बीमारी मौन कैसे हो ईश्वर

हाहाकार हुआ तुम्हारा संसार

जब आप आओगे तब ठीक हो हर बीमार

देर ना करे प्रभु प्रारंभ कीजिए ये सफर

कोरोना है महामारी क्या है फर्क

आपसे नहीं बड़ी कोई अन्याय नाशक

अंजान है सारी सृष्टि तुम्हारे विचार से

नाश होगी महामारी आपके हथियार से

सृष्टि रचनाकारी हो....सृष्टि रचनाकारी हो.....

भजन-5

सर्वमंगलकारी अनादि ठाकुर
कल्याण करिए परमेश्वर
समस्त सृष्टिपिता भय हुआ सारा संसार
व्याकुल आत्मा से व्याकुल पुकार
कहाँ हैं आदिपिता कल्याणी ईश्वर
महामारी मार लिया संसार तुम्हार
सर्वमंगलकारी अनादि ठाकुर
कैसा है कोरोना ये, कहाँ है इलाज
विश्व आज परेशान सुनो सृष्टिराज
तुम्ही विधाता प्रभु, तुम्ही दाता
तुम्हारे बिना कोई नहीं सृष्टि का सहारा
सारा अपराध माफ करो ईश्वर
दया करो रक्षा करो संसार तुम्हार
सर्वमंगलकारी अनादि ठाकुर
तुम्हारे सामने लूटे महामारी
कैसे है देखो पिता सृष्टि अधिकारी
हाथ जोड़े करे अनुरोध संतान
कृपाकरो विश्वपिता हे दुःख नाशन
आशा की ज्योति प्रभु सुनिए पुकार
बचाओ हमे पिता संतान तुम्हार
सर्वमंगलकारी अनादि ठाकुरv

4. वन्दनाएं

वंदना-1

जननी माँ भवानी माँ रुद्ररूपधारिणी

दया करो अविनाशी कृपा महमालिनी

देवी माँ सृष्टि रखो माँ भवानी

महामायी शक्तिशाली विश्वादि भवानी

जननी माँ भवानी माँ रुद्ररूपरिणी

सहस नाम तेरा चतुर्भुजवासिनी

महिमा असीम तेरी विघ्न विनाशनी

दया करो कृपा करो दुःख हरितारिणी

आपत्ति अनुरोध चरण माँ दयामयिनी

जननी माँ भवानी माँ रुद्ररूपधारिणी

तेरे बिना माता कोई ना रखे भवानी

आशा की ज्योति तू कल्याणकारी

सुनो माँ दुःख मेरा पुकारे भवानी

सृष्टि का मंगल करो आदिकृपाकरिणी

जननी माँ भवानी माँ रुद्ररूपधारिणी

चरण में नमन तेरी आदिमाता रानी

कैसे कोरोना जाए कहो मातारानी

विजय चमक सदा नाम है दयामयी

शीतल रूप शोभा दिखे अदिनंदनी

जननी माँ भवानी माँ रुद्ररूपधारिणी

वंदना-2

जय जय आदिमाता परमेश्वरी

आपति चरण मागो सुनो मेरी गुहारी
समग्र संसार तेरे दुःख हुए हारी
दया करो अविनाशी मातृशक्ति दारी
समस्त सृष्टि रोये कृपा करो आदीश्वरी
आदिमाता दयामयी नाम है तुम्हारी
जय जय आदिमाता परमेश्वर
कैसे माँ कहुँ तुम्हें सृष्टि का हाल
तुम सब जानो, सब समझो तुम हो महान
आत्मा कहे माता मेरी सुनोगी पुकार
हराएगी महामारी करो माँ विचार
सहस नाम धरी माता विश्वकारी
अपार महिमा से करेगी माँ प्यार
जय जय आदिमाता परमेश्वरी
शीतल माँ कैसे हुई कहिये जननी
सारा विश्व कंपे माँ व्याकुल भवानी
कब तेरी दया होगी हटेगा कोरोना
हर घड़ी हर पल करूँ आराधना
पाप का विचार माता दरबार तेरी
पुण्य को विचार माता करूँ रक्षाकारी
जय जय आदिमाता परमेश्वरी

वंदना-3

सुनो सुनो दयामयी कल्याणनंदनी
चरण प्रणाम करें पुकारे जननी
दशभुजा महामायी हे विश्वनंदनी
तुम्ही हो हमारी आस कालनाशनी
समस्त रक्षाकारी तू माँ भवानी
कैसे नाश काल होगा कहो जननी
सुनो सुनो दयामयी कल्याणनंदनी

तेरी दया बिना ना जाए कोरोना

विश्व को घेरे माँ मिला दुःख भावना

हर संतान कहे कहाँ माता हमारी

चली गयी छोड़ माँ देखी महामारी

अदृश्य शक्ति माता कोरोना कहानी

लूट लिया जीवन हमारा शब्द नही वंदनी

सुनो सुनो दयामयी कल्याणनंदनी

तुम्हारी संतान माता करो भरोसा

आएगी आदिमाता आत्मा भरे आशा

हे! रक्षाकारी विघ्नविनाशनी

समा लेगी हमें कल्याणकारी

इतना विश्वास मेरा चरणे भवानी

करें संतान तेरी माँ कल्याणी

सुनो सुनो दयामयी कल्याणनंदनी

वंदना-4

विश्वभावनी हो माता मेरा प्रणाम

केसी है ये समस्या आई दूर हुआ अनुपम

सब आत्मा हुए भय सुखहीन

कठोर कैसे माँ क्यों न कठिन

तुम्हारी दया क्यों हुआ दुर्गम

कैसे माँ रहूँ दो कृपा असीम

विश्वभावनी हो माता मेरा प्रणाम

सबकी माता ज्योति तू ही दुखहारिणी

सबका जीवन त्राहि समान है दयामयिनी

दूर ना करो माता आसरा दो भवानी

कोरोना भय माता विश्वजननी

कहाँ तेरा रुद्ररूप, कहाँ तेरा कल्याण
इस सृष्टि को बचाओ माँ भवानी
विश्वभावनी हो माता मेरा प्रणाम
बड़ी तेज चले महामारी अपनी तीव्र गति से
आपकी सहायता चाहिए आपकी दया से
घोर अंधकार कुछ ना दिखे माँ संसार
दया करो अविनाशी करिये विचार
त्रिशूलधारी माता रुद्ररूपधारिणी
रक्षा करो माता विश्वप्राणदायनी
विश्वभावनी हो माता मेरा प्रणाम

वंदना-5
जय जय जगतमाता जय विष्णुग्रहणी
कोटि कोटि नमन से पुकारूँ कल्याणी
सदा तेरी जय हो हे विश्वरूपधारिणी
समस्त संकट दूर करो माँ भवानी
सत्य की ज्योति तुम्ही पाप नाशनी
चरण रखो सदा सृष्टि कृपाकरिणी
जय जय जगतमाता जय विष्णुग्रहणी
विधाता के रचना से बने मेरा संसार
वात्सल्य रूप तुम्ही मातृअवतार
देख तेरा रुद्र रूप हटे माँ कोरोना
कैसे तेरे संसार में टिका है कोरोना
महामारी रूप से शासन जननी
हरपल हरती है सुनो माँ वंदनी
जय जय जगतमाता जय विष्णुग्रहणी
सहस रूपधारी महिमा अपार
तुम्ही सहारा माता कहें बार बार

कितनी व्याकुल माता संतान तुम्हारी
तेरे बिना सब शून्य लगे माँ भवानी
स्वीकार करो माता मेरी दुःख की कहानी
जय जय जगतमाता जय विश्वग्रहणी